LETTRE

D'UN

AMI DE LA LIBERTÉ,

AU PEUPLE FRANÇAIS.

RAPPELEZ

LES DÉPUTÉS EN MISSION,

ET N'EN ENVOYEZ PLUS,

OU

LETTRE

D'UN AMI DE LA LIBERTÉ

AU PEUPLE FRANÇAIS,

ET

A LA CONVENTION NATIONALE.

Paris, 20 nivose, 3eme. année républicaine.

PEUPLE, ouvre les yeux et sens ta dignité... Ne souffre pas que tes tyrans vaincus soient remplacés par des tyrans nouveaux.

TANT que nos usurpateurs atroces ont eu besoin de la crainte et de la terreur pour maintenir leur autorité, il était dans leur politique d'avoir par-tout des agents de leur système et de leur tyrannie ; tant que Robespierre et ses vils suppôts ont régné, les vexations de leurs

A 2

émissaires , dans les départements ou aux armées , n'ont été que des gentillesses ou des passe-temps , dont personne n'a osé se plaindre. Mais le temps est venu de réclamer les principes et de ne reconnaître qu'eux ; il est temps de rappeler tous les hommes à leurs droits et à leurs devoirs , et de faire que la *Liberté* ne soit plus un vain mot.

Les plaies faites à la Patrie par les proconsuls Carrier, Lebon, Collot d'Herbois , Couthon, Saint-Just , Magniet, Duhem et tant d'autres , saignent encore ; elles étaient telles , à l'époque du 9 thermidor, que pour tarir la source des larmes et du sang répandus sur toute la surface de la République , par les abus de pouvoirs commis par ces monstres , il a fallu y envoyer de nouveaux missionnaires, avec l'ordre de faire autant de bien que leurs prédécesseurs avaient fait de mal. Mais comme le pouvoir suprême est un poison funeste et virulent qui corrompt tout, que nul homme n'en peut être revêtu sans en abuser , il est temps de mettre un terme à la dictature de ceux à qui le Peuple n'a pas donné le pouvoir insensé de le tyranniser par des volontés particulières, mais bien de lui proposer des loix sages , et de lui donner un gouvernement heureux et juste.

Deux ans de malheurs et d'expérience ne doivent pas être perdus pour un Peuple qui a autant fait de sacrifices à la Liberté ; il faut qu'il jouisse enfin du fruit de ses travaux et de ses privations; il faut qu'il soit réellement libre : il ne pourra l'être , tant que des vice-rois et des pro-consuls seront répandus sur son territoire, avec le droit terrible et illimité de tout faire et de tout régir suivant leur caprice.

Et qui peut vous répondre qu'un homme qui a tout pouvoir , sera toujours juste, qu'il verra toujours le bien , et voudra le faire ? Combien de propositions extravagantes ou dangereuses, faites dans la Convention nationale, et qui sont rejetées par la majorité, après avoir passé par le creuset de la discussion ! Hé bien ! si celui qui les propose était en mission , livré à lui-même et à ses erreurs, cette proposition absurde serait l'objet d'un arrêté , il ferait peut-être le malheur d'un million d'hommes.

Mais quel est l'objet de la mission de ceux qu'on nomme si improprement *les Représentants du Peuple* dans les départements ou auprès des armées ? Sont-ils pouvoir *législatif*, *exécutif* ou *judiciaire*, ou sont-ils tous les deux à-la-fois et par conséquent despotes de droit? Non, leur mission ne peut être que de rétablir , au nom de la loi, l'ordre et la tranquillité , lorsqu'elle est troublée. Or ce but est manqué , et les Délégués de la Convention dépassent les bornes du pouvoir qui peut naturellement leur être confié , lorsqu'ils font des loix ou prénent des arrêtés quelconques. En effet , si leurs arrêtés sont contraires aux loix , ils sont autant d'attentats contre la souveraineté nationale ; s'ils y sont conformes, ils sont inutiles : dans tous les cas , ils sont un crime capital , puisque ceux qui les rendent, substituent leur volonté particulière à la place de la loi , qui seule doit commander dans un état libre.

Une loi sage , une loi digne des Républicains, voue à l'exécration et à la mort celui qui demande le gouvernement royal ; cette loi n'est juste que parce qu'elle défend de mettre jamais un homme au-dessus des loix , et cependant nous souffrons, depuis près de deux ans , que plusieurs hommes exercent insolemment le pouvoir absolu , nous souffrons qu'ils violent impunément toutes les loix de la nature et de la raison , parce qu'ils sont revêtus de la dénomination magique de *Représentants du Peuple*.

Les Représentants sont les députés des Départements réunis dans la Convention nationale; c'est-là seulement qu'est la représentation du peuple Français; c'est-là qu'elle mérite tout notre respect, parce que c'est-là seulement qu'est l'image du peuple au nom duquel la majorité des voix doit faire la loi, qui , dans une assemblée représentative , n'est que l'expression de la volonté présumée des représentés. Aussi les députés en mission isolés , où réunis en quelque nombre que ce soit, ne sont pas plus la représentation nationale, qu'un canton n'est la République, et ils n'ont pas plus le droit de faire des loix particulières, qu'une Commune quelconque celui de se prétendre le souverain.

Qu'ont fait cependant la plupart des députés en mission, dans les Départements ou auprès des Armées? Que font-ils encore? Ils font des arrestations; ils violent scandaleusement le secret des lettres; ils gouvernent, désorganisent ou paralisent tout, suivant leur bon plaisir.

A l'Armée, ils donnent des places à ceux qui leur font la cour, et se font des créatures; ils humilient les Généraux, les plus braves Officiers de l'Armée, et les traitent avec une hauteur insultante, pour leur faire sentir la supériorité d'un représentant du peuple; ils vexent et dégoutent les administrations militaires, par de mauvais traitements, et des préventions injustes; ils entravent le service par des mesures fausses ou incohérentes; ils gâtent tout par impéritie, et par la funeste manie qu'ils ont de se mêler souvent de ce qu'ils n'entendent pas, car le brevet de mission ne donne pas sans doute l'universalité des talents qu'on n'acquiert que par une longue expérience.

Que font-ils de mieux dans les Départements? Circonvenus presque toujours à leur arrivée par des intrigants et de plats valets, ils leur vendent pour quelques adulations, le pouvoir affreux de commettre impunément tous les crimes à l'ombre de leur protection tutélaire; ils menacent, ils incarcèrent, font des orgies, dépensent des sommes énormes, payent des espions, des délateurs (1), et vexent les hommes libres qui dédaignent leur faveur humiliante. Ils parlent sans-cesse de *liberté* au milieu d'une cour d'esclaves, avec le train et les airs d'un satrape; un député en mission, entouré de ses espions, de ses sbires, de son tribunal criminel, et de ses très-dévoués serviteurs, les comités de Surveillance, ne représente pas mal le roi d'Espagne et la très-sainte Inquisition.

L'on connaît tous les maux que des pouvoirs illimités ont attirés sur notre malheureuse patrie, on voit encore les cendres fumantes des villes désolées, on entend les cris des victimes sanglantes de la barbarie des Caligula modernes, et l'on conserve le même pouvoir à d'autres hommes! quel bien attendre de leur mission? Quel bien ont fait ceux qui ont usé de leur pouvoir avec le plus de modération? Les atro-

---

(1) On se plaint amèrement de la masse effrayante d'assignats mise en circulation, et du discrédit qui en est la suite nécessaire; qu'on calcule toutes les sommes que les députés en mission ont dévorées, qu'on leur demande compte du bon emploi qu'ils en ont fait, et l'on verra si l'on n'aurait pas dû plutôt supprimer cette dépense dont il serait à souhaiter que la perte réelle fût le moindre inconvénient.

cités de Lebon ont fait louer le règne et la douceur bénigne de Florent-Guyot; à Lille, il a passé pour juste et bon parce qu'il n'a fait incarcérer que trois à quatre cents personnes dans sa mission, parce qu'il s'est contenté d'enterrer tout vivants dans les *secrets* (1) pendant six mois entiers des pères de famille, sans aucune raison, parce qu'il n'a qu'empilé de malheureuses femmes dans des cachots infects et pleins de vermine; par faiblesse et par lâcheté, on s'est félicité dans le département du Nord, d'en être quitte à si bon marché; on lui aurait presque voté des remerciements, et l'orateur du comité de Surveillance de Lille aurait volontiers dit à Florent-Guyot dans sa harangue :

> Vous leur fîtes, seigneur,
> En les croquant, beaucoup d'honneur.

Ainsi, il faut tenir compte à un député en mission de tout le mal qu'il ne fait pas! Est-ce là l'intention du peuple qui a nommé des Représentants ! Était-ce pour noyer à Nantes, que le département du Cantal avait envoyé Carrier ? Était-ce pour mitrailler à Lion, que Paris avait nommé Collot-D'herbois ? Le département du

---

(1) Les *secrets* sont de petites prisons particulières où l'on ajoute au supplice de la détention celui d'interdire au patient toute communication avec le genre humain.

Pas-de-Calais a-t-il entendu donner à Lebon le pouvoir exécrable d'égorger impitoyablement ses concitoyens de tout âge et de tout sexe ? Non, sans-doute, ce n'est pas la volonté du peuple ; le peuple ne veut que des loix justes, il les veut pour tous, il veut que la liberté des citoyens soit également respectée et protégée, il ne veut pas sur-tout que la vie et la liberté d'un homme soit livrée au caprice ou à l'erreur d'un autre homme ; et pourquoi le droit terrible donné à des députés en mission, de faire arrêter qui bon leur semble, sans motifs et sans forme ? pourquoi ne suivrait-on pas pour tous les citoyens les mêmes principes que la Convention a decrétés pour protéger la liberté de ses membres ? au lieu des comités de Surveillance dont l'existence et le nom seront bientôt un opprobre ; pourquoi ne pas établir dans chaque District des comités de *justice*, pour juger s'il y a lieu ou non à examen de la conduite d'un dénoncé ? Pourquoi arrêter qui que ce soit avant qu'un juré ait prononcé qu'il y a lieu à accusation contre lui ? pourquoi ne pas prononcer la peine du talion contre les faux dénonciateurs qui ne produiront pas les pièces et les témoins à l'appui de leur accusation ? Est-ce qu'on voudrait nous endormir encore avec le mot fatal, *gouvernement révolutionnaire*, et perpétuer la tyrannie et le despotisme à l'aide de ce charlatanisme usé ? Non, le peuple français ne le souffrira pas , il a payé trop cher sa tolérance et sa crédulité ; mais si l'on veut empêcher le renouvellement de tous les malheurs qui ont désolé la République, si l'on veut la préserver de la rechûte, il faut en faire cesser la cause et les moyens ; un homme revêtu du pouvoir suprême en abusera toujours ; il en est si peu qui puissent résister à la tentation de commettre des injustices, lorsqu'ils n'auront pour guide que leur volonté et qu'ils auront le droit de se faire obéir sans replique (1).

Les Romains n'établirent la dictature que dans les grandes crises de l'état, ils ne la confiaient qu'à un seul homme, pour le temps de l'orage seulement, et ils avaient pour règle de la conférer dans une séance nocturne, comme s'ils avaient eu honte (dit Rousseau,) de mettre un homme au-dessus des loix ; et nous, instruits par les malheurs des temps et de la tyrannie, instruits par une expérience funeste encore récente, nous souffrons froidement des dictateurs à pouvoirs absolus sur tous les points de la République ! le masque est tombé ; le mot *révolutionnaire* ne peut plus faire illusion ; on sait trop aujourd'hui , qu'il est sinonyme avec *despotique*, et il est temps que tous les députés

____

(1). On a ri souvent de *l'infaillibilité* du pape , mais n'est-ce pas croire à l'*infaillibilité* d'un homme que de lui confier des pouvoirs illimités ?

rentrent au seul poste où les a appelés la Na-
tion, à la Convention nationale (1).

Qu'on ne dise pas que les choses ont changé
depuis le 9 thermidor : ce ne sont plus les
mêmes hommes qui sont en mission, mais ceux
qui y sont ont les mêmes pouvoirs ; ils auront
bientôt la même tentation d'en abuser (2). Déja
plusieurs, au lieu d'encourager les administrations de l'armée par les éloges dûs au zèle
et a l'activité rares par lesquels elles ont vaincu
tous les obstacles et tous les éléments pour se-
conder les succès prodigieux des armées du
Nord et de Sambre et Meuse ; au lieu de les
stimuler par la gloire et la reconnaissance dûe
à leurs incroyables travaux, ne rassemblent
chez eux les généraux et les administrateurs

---

(1) L'Assemblée constituante n'envoya jamais de députés
en mission, la révolution avait cependant alors bien plus
d'ennemis dans l'intérieur, et de bien plus puissants qu'aujourd'hui.

Il est reconnu maintenant que la mission d'un député
ne peut être utile qu'à lui seul.

(1) Un inspecteur des transports militaires va se plaindre
à J.-B. Lacoste, à Valenciennes, des difficultés qu'il
éprouve à se procurer un logement pour ses bureaux ;
» attends (lui répond Lacoste,) je vais te faire donner
» un logement en prison. »

Le Sultan du Mogol eût-il fait une réponse plus insultante et plus despotique.

des armées que pour les injurier, ne leur
écrivent et ne parlent d'eux, que pour les
flétrir dans l'opinion publique; ne se mêlent du
service que pour en entraver la marche; ne
parlent que d'arrestations, de guillotine, de
code pénal de leur façon, et de formes
acerbes (1). Si c'est ainsi qu'on croit assurer
le service de la campagne prochaine au milieu
des difficultés et de la pénurie effrayante qui
nous menace dans toutes les parties; si la
Convention nationale n'est pas le pouvoir
unique et la seule autorité d'où émanent les
loix; si les comités de gouvernement ne di-
rigent pas seuls les plans de campagne et la
diplomatie; si on ne fait pas cesser ce conflit
d'autorités divergentes et parasites; si l'on ne
laisse pas aux généraux le libre exercice de la
partie militaire, aux Commissaires - Généraux, aux Ordonnateurs et aux Agents militaires
de chaque service, celui de la partie adminis-
trative; si l'on n'accorde à tous une grande
confiance, et l'éguillon de l'estime publique;
si chacun ne se remet à sa place et ne remplit
la tâche qui lui est imposée, on regrettera,

---

(1) » Le gouvernement actuel, (a dit Briez, à
» Bruxelles,) est *stagnant* et *relâché*, mais il reprendra
» bientôt toute son énergie. »
On sait ce que cela veut dire dans la bouche d'un
député en mission.

mais trop tard , de n'avoir pas suivi les avis d'un véritable ami de la liberté qui ne cessera de répéter :

» Si vous voulez être vraiment libres, rap-
» pelez les députés en mission, et n'en envoyez
» plus. (1)

L E F R A N C.

(1) Ceux à qui cet écrit déplaira , tels que le grand poi-
gnardeur Duhem et compagnie, (parce qu'une mission fut toujours une bonne vache à lait ,) ne manqueront pas de crier à la contre-révolution. Robespierre aussi traitait de contre-révolutionnaires, ceux qui contrariaient ses projets de tyrannie et d'ambition; il ne voulait pas de la liberté de la presse, il avait ses raisons, les prêtres n'en voulaient pas non plus , et ils damnaient sans miséricorde tous ceux qui proposaient de toucher *à la vache à lait* du clergé.

De l'Imprimerie de la Vérité.